# RUINAS ARQUEOLÓGICAS DE MÉXICO

Textos
**Anselmo J. García Curado**

Fotografías
**J. Enrique Molina**

# RUINAS ARQUEOLÓGICAS DE MÉXICO

Textos: Anselmo J. García Curado
Fotografías: José Enrique Molina
Portada: Fotografía de José Enrique Molina
Realización editorial: Parangona Realització Editorial
© Anselmo J. García Curado
© Acali, scp
© REDITAR LIBROS, S.L. - Barcelona - España
Derechos exclusivos para lengua castellana
ISBN: 84-96449-31-9
Depósito Legal: B-36.107-2006
Impreso en España

# Índice

# PRÓLOGO

En 1519, el entonces emperador azteca Moctezuma II fue alertado de la llegada de unos hombres blancos y barbudos, a veces con cuatro patas y formas de caballo, a los que desconocían por completo, que habían llegado a las costas veracruzanas en enormes naves. Hombres dotados de armas terroríficas que escupían fuego. Según profecías ancestrales, en esa misma época debería volver Quetzalcoátl o Serpiente Emplumada, dios rey barbado que se desterró voluntariamente y que anunció su regreso. Así pues, no es de extrañar que los hispanos se aprovecharan de esta circunstancia especial de interpretación y fueran recibidos con regalos y honores en la bella Tenochtitlán. No eran guerreros enemigos, sino mensajeros que acompañaban a Quetzalcoátl.

Hernán Cortés supo aprovechar esta ocasión de privilegio y, ayudados de numerosos pueblos indígenas descontentos con la política despótica de los aztecas, se aliaron con los 400 hispanos que llegaron y lograron derrotar tras varios años de sitio a los aztecas. De los 25 millones de habitantes que se supone tenía México en la época, sólo una décima parte logró sobrevivir a las guerras, a las enfermedades y a la desesperación. Así, de viruela murió Cuitláhuac, sucesor de Moctezuma II. Cuauhtémoc, sucesor de este, dirigió la defensa de la ciudad de forma heroica y, una vez capturado, fué ahorcado. México pasó a depender de la corona de Castilla. Los últimos mayas guatemaltecos del Quiché capitularon en 1546 y así acabó toda la cultura autóctona.

Dos años más tarde, en agosto de 1521, con la conquista de Hermán Cortés, el resto del mundo y, en especial, los europeos, pudieron comprobar la existencia de unos pueblos muy distintos a los suyos pero evolucionados tanto en sus artes como en sus ciencias. Todavía está en la mente de los cronistas, como Bernal Díaz del Castillo, las caras de sorpresa de los soldados hispanos al comprobar las impresionantes ciudades me-

xicanas, su perfecta estructura y organización, sus mercados y actividad, en general toda la cultura que iba desde el centro de México a Guatemala, Honduras, Bélice y El Salvador, lo que se denominó Mesoamérica.

La mayor parte de las culturas precolombinas de México construyeron grandes ciudades con edificios monumentales preferentemente de carácter religioso. Para ello utilizaron la piedra las grandes esculturas. Su método era realizar sillares avanzados hasta conseguir bóvedas de pequeña luz, denominadas bóvedas de piedra en saledizo. Sin embargo, para las construcciones no religiosas, es decir, las viviendas populares, utilizaban materiales ligeros y perecederos, de los que quedan escasos vestigios.

Las construcciones de Mesoamérica, la zona que ocupa actualmente México y parte de Centro América y cuyo término fue acuñado en 1943 por el antropólogo Paul Kirchhof, compartían numerosas características arquitectónicas. Así, destaca la construcción de pirámides de cuerpos superpuestos y truncadas, las construcciones deportivo-religiosas como las canchas del juego de pelota, lugares especiales para el comercio y el mercadeo, lugares públicos para el aseo y baños de termas y vapor, suelos con capas de estuco, observatorios astronómicos, escuelas y alojamientos para los gobernantes, altos funcionarios y la clase religiosa.

Las distintas etnias repartidas en esa zona de más de un millón y medio de kilómetros cuadrados utilizaron diferentes materiales según su entorno y recursos técnicos, y construyeron unas ciudades-templo donde iban de visita y peregrinaje, que asombraron a los conquistadores hispanos por su belleza y grandiosidad. Las ciudades de Teotihuacán, Tlatelolco, Texcoco, Chichén Itzá, Uxmal, Tulum, Monte Albán, Palenque, Tenochtitlán, Tajin, Labná, Mitla, Tula, etc., son una pequeña muestra de ello. No todas las ciudades florecieron al mismo tiempo, sino que también hubo una sucesión y cambios de asenta-

mientos desde varios siglos antes de Cristo hasta la llegada de los españoles.

En México, se puede entender la existencia de múltiples y bellas iglesias cristianas a partir de la existencia también de templos y centros ceremoniales de las diferentes culturas precolombinas, que fueron destruidas para edificar sobre ellos los edificios de la nueva religión. Hoy día se sigue excavando, investigando, reconstruyendo a pesar de los escasos recursos a ello dedicado y aún queda mucho por hacer. Lo que a continuación mostramos es sólo una parte de lo maravilloso que llegó a ser. Dicen en México que dentro de cada montaña o loma existe un templo o construcción por descubrir y excavar. Ójala que poco a poco podamos verlas y disfrutarlas y que constituya un punto de reflexión en cuanto a la diversidad y riqueza étnicas; al respeto y a la tolerancia por todo lo "distinto" a lo "nuestro".

Anselmo J. García Curado

# Principales periodos pre-hispánicos

## I-Periodo Arcaico

7000-2000 /1500 a.C.

Se define como aquel que va desde los años 7000 al 2000 a.C. Durante este espacio de tiempo los habitantes de México se vuelven sedentarios. De cazadores y nómadas se tornan sedimentarios y cultivan maíz y frutos con los que vivir sin tener tanto que arriesgar. Respecto a los animales crían guajolotes y perros para su alimentación. Aunque sigan cazando, ya no se desplazan tanto. Sus casas están en el campo, realizadas con materiales perecederos a modo de chozas. No existen aún grandes contrucciones.

*Máscara de la muerte, Museo Nacional de Antropología*

## II-Periodo Olmeca

1800 a 200 a.C.

También denominado periodo preclásico. Se realizan los primeros centros ceremoniales, grandes esculturas y cerámicas. A este periodo pertenecen las célebres cabezas olmecas de San Lorenzo, en Veracruz (1200 a.C.) y La Venta en Tabasco (900 a.C.) En el año 400 a.C. se inicia el declive de la cultura olmeca, que se desplazan hacia otras zonas más al sur.

*Cabeza olmeca de 20 toneladas encontrada en La Venta, Villahermosa, Tabasco*

## III-Periodo Zapoteca
600 a.C a 800 d.C.

Surge la ciudad y la cultura de Monte Albán, muy cerca de Oaxaca, si bien su origen se considera olmeca. Cultivan la escritura, la astronomía, las matemáticas y la medicina. De esta época data el famoso observatorio, el Edificio "J", la Plataforma de los Danzantes de Monte Albán. También se denomina a este periodo protoclásico. Después de Monte Albán el centro de influencia se desplaza a Mitla, habitado por zapotecas y mixtecas.

## IV-Cultura de Teotihuacán
200-900 d.C.

En las regiones del México central aparecen dos centros ceremoniales de máxima importancia: el de Cuicuilco, caracterizado por su planta circular, y el de Tehotihuacán, de planta rectangular y dedicado al dios de la lluvia, Tláloc y Quetzalcóatl o Serpiente Emplumada. Desaparecida por un incendio, la ciudad de Teotihuacán fue abandonada en el año 900 d.C. y ocupada por los chichimecas.

*Escultura zapoteca de Monte Albán*

*Gran Pirámide del Sol, en Teotihuacán*

# V-Cultura de El Tajín
250-1150 d.C.

Situada en la parte atlántica de Veracruz en pleno golfo de México. Se caracteriza por la presencia de canchas del juego de pelota y la presencia de la etnia de los huastecas. Posteriormente, fue habitada por los totonacas y tiene su apogeo entre los años 600 y 900 d.C.

# VI-Periodo Maya Clásico
250-950 d.C.

La civilización maya suge a partir de los olmecas, zapotecas y teotihuacanos. Trabajan las grandes esculturas a modo de monumentos, la escritura, el calendario astronómico, y los centros ceremoniales pasan a ser ciudades-estados, independientes. Posteriormente, decaen y pierden su influencia. Tikal, en el norte de la actual Guatemala, es el máximo exponente durante los años 300 y 800 d.C. En el año 900 d.C. se produce la conquista tolteca de las ciudades mayas.

*Aro de piedra por el que debía pasar la pelota de hule*

*Calendario Maya*

# VII-Periodo Postclásico
900-1521 d.C.

Aparecen nuevas culturas que provienen del norte, de tipo más militarista, y destruyen antiguas civilizaciones clásicas. La etnia tolteca funda la ciudad de Tula y convierten a Chichén Itzá en la principal ciudad, hacia el año 1250 d.C. Los mayas guatemaltecos quichés asumen poco después su hegemonía, hasta que son derrotados por los conquistadores españoles en Utatlán, en 1524.

# VIII-Periodo Azteca
1250-1521 d.C.

Reorganizados los pueblos náhuatls alrededor del lago Texcoco, fundarán la ciudad de Tenochtitlán, en 1345, que será su capital durante cierto tiempo. Estos pueblos se autodefinirán como mexicas y, aunque luego se les conocerán como aztecas, sometieron a todos los pueblos de su alrededor y formaron un sólido imperio, cuyas ciudades de Tlatelolco y Tacuba, junto a la mencionada Tenochitlán, fueron su referencia. Con Moctezuma II alcanza su máximo apogeo hasta que entran las tropas hispanas. A partir de ese momento, los pueblos aztecas entrarán a formar parte de la Corona Hispana.

*Figura representativa de Chac-Mol, dios de la lluvia*

*Piedra del Sol, calendario azteca*

# Tenochtitlán, la capital azteca

Justo debajo del zócalo de lo que hoy es el DF, hace quinientos años exitió un gran templo, el denominado Templo Mayor, que presidía una fantástica ciudad denominada Tenochtitlán, rodeada de un inmenso lago. Muy cercana a ella estaba Tlatelolco, la otra ciudad gemela de Tenochtli y de la que estaba separada por un brazo de agua y unida mediante un puente. Ambas parecían infranqueables y sólo se accedía desde tierra firme por unas calzadas controladas militarmente o por medio de canoas.

La ciudad fue fundada hacia 1325 por un sumosacerdote llamado Tenoch, de ahí su nombre. Duró hasta el reinado de Moctezuma II. Contaba

*Arriba, Serpiente Emplumada de la cultura azteca, en el Templo Mayor; a la derecha, ruinas aztecas, con la Catedral Metropolitana al fondo.*

*En la página 24-25, representación de la diosa Coyolxauhqui*

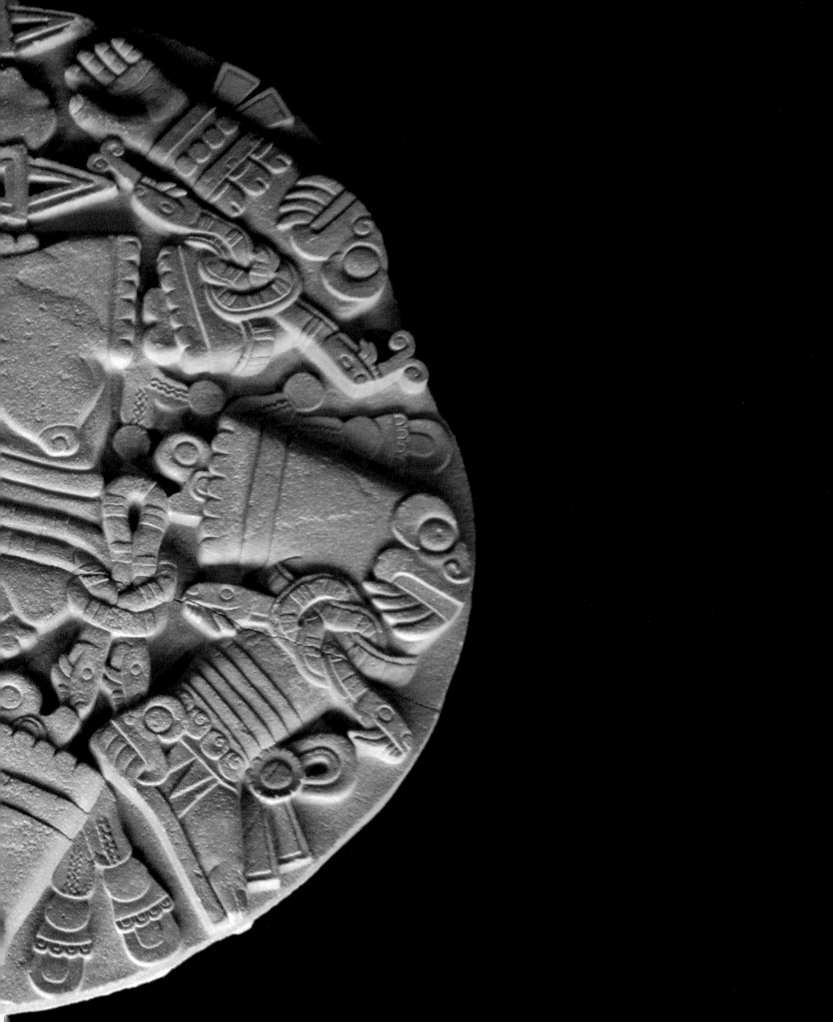

aproximadamente con 300.000 habitantes y estaba surcada por las denominadas *chinampas* o islas artificilales, realizadas con enrejados de troncos y ramas, rellenas de tierra y fijadas al fondo mediante cuerdas a modo de anclas. Estas tierras eran muy fértiles y en ellas se cultivaban toda serie de hortalizas y flores.

En el centro del lago estaba la ciudad sagrada, con sus templos principales. También había unas zonas de edificios que albergaban las casas de los notables y pequeños templos, además de instalaciones deportivas como el juego de la pelota, baños termales, escuelas. En otra zona estaban las viviendas populares y, en las afueras, amplias zonas de jardines y múltiples pájaros. También había un enorme y surtido mercado al que cada día llegaban mercancías de todos los lugares, incluido el pescado de la costa. El mismo emperador se lo hacía traer fresco mediante un servicio de mensajería rápida mediante relevos. Eran los famosos *chasquis* o correos andantes.

*Arriba, conjunto de ofrendas depositadas junto a una tumba azteca; a la derecha, urna funeraria encontrada en el Templo Mayor*

*En las páginas 28-29, cerámica azteca*

El mercado era un auténtico festival de color, olor, sabor, música y textura. Hortalizas, donde el maíz, ciertos tubérculos y la yuca ocupaban un importante lugar, junto a los chiles, frutas de todo tipo, carnes de pavo o guajolote, aves, miel, ya que conocía la apicultura. En otro lado había la cacharrería y utensilios, cerámica, plumas, maderas, minerales y piedras preciosas, trabajos de filigrana de plata, tallas de piedra, (fundamentalmente de ónix), vestidos y calzados de vistosos colores, e incluso esclavos. Todo estaba ordenado por sectores. La mayor parte de los productos se obtenía mediante trueque o pepas del cacao, que estaban consideradas moneda. Había controladores que inspeccionaban las operaciones comerciales y velaban por la calidad de los productos, castigando duramente a los infractores.

El Templo Mayor o principal tenía una base casi cuadrangular, de 300 x 350 metros, en forma de pirámide de vértice truncado, y una altura de alrededor de 30 metros. En lo alto, dos templos

*Ídolos en las escalinatas en el Templo Mayor*

dedicados al dios de la lluvia, Tláloc y a Huitzi-lopochtli, dios tribal de los aztecas. En lo alto se hacían sacrificios y a las victimas se les arrancaba el corazón mediante afilados estiletes de obsidiana, en la piedra denominada del sacrificio, y era arrojado por las escaleras del templo. Se trataba de un ritual macabro, pero real.

Tras la toma de la ciudad, Cortés derrumbó los templos y sobre ellos levantó edificios e iglesias de estilo colonial, que convirtieron a México en Nueva España y a la antigua Tenochtitlán en la capital del Virreinato.

En 1792 se encontró en la plaza de armas la famosa *piedra del sol* y una estatua de la diosa Coatlicue. A finales de los años setenta y tras nuevas excavaciones, se descubrió la totalidad del Templo Mayor y gran cantidad de objetos, hoy expuestos en el nuevo museo del Templo Mayor. Este junto al de Antropología, constituyen dos auténticas joyas de la recopilación del arte mexicano.

*Sala de los Guerreros del Templo Mayor*
*En la página siguiente, máscara de Tláloc*

# Templo de Tlatelolco, en el Distrito Federal

Tlatelolco era, junto a Tenochtitlán, uno de los principales centros religiosos de los mexicas, que luego pasarían a denominarse aztecas. Cuenta una vieja leyenda que antes del esplendor de Tenochtitlán, antiguo nombre de la ciudad de México, había un rey llamado Huitzíton, que vivía en Cohuatlicámac. Cierto día recibió dos paquetes misteriosos. En uno había una esmeralda y el contenido del otro era una incógnita. Antes de averiguar lo que había dentro, dos bandos se enzarzaron en una disputa para obtener la estimada piedra verde. El rey decidió que un grupo se quedara con la piedra y el otro con el segundo paquete. La sorpresa fue que éste

*Arriba, leyenda en torno a los acontecimientos del 13 de agosto de 1521; a la derecha, ruinas aztecas y el Convento de Santiago al fondo*

*En las páginas 35-36, vista general de las ruinas de la Plaza de Tlatelolco, con la Iglesia de Santiago al fondo*

contenía apenas dos palos. El paciente rey sostuvo que los palos eran mejor regalo que la esmeralda, ya que al frotarlos, ante la enorme sorpresa de todos, surgió el fuego. Así se explica la división del pueblo azteca en dos tribus. La tribu de la esmeralda fundó Tenochtitlán, mientras que la de los palos fundó Tlatelolco, que significa "montaña de arena". Durante años se enzarzaron en arduas guerras hasta que el cuarto rey llamado Moquihuix, se suicidó al ser definitivamente derrotado por los tenochtles. Tlatelolco pasó a depender de la gran capital azteca.

En esta conocida plaza, situada al norte de la ciudad de México, aún quedan restos de la Pirámide de Tlatelolco y de la gran plaza ceremonial que la rodeaba. Era el segundo gran templo de la ciudad. Sobre los escalones de la pirámide fueron arrojados indios tlaxcaltecas, totonacas considerados como traidores, así como soldados de Cortés capturados por los aztecas. Sobre esta plaza se construyó una iglesia cristiana, empleando elementos de los templos anteriores. Era la enorme Iglesia de Santiago, junto al convento, bien conservada desde el ini-

*Escalinatas del Templo Mayor*

cio de su construcción, construida en piedra vista procedente de los templos contiguos, en 1543.

En 1968 el gobierno mexicano construyó en este lugar una serie de modernos edificios de viviendas, así como dependencias gubernamentales como el Ministerio de Asuntos Exteriores. Por este motivo se le denomina también la Plaza de las Tres Culturas, ya que combinan elementos arquitectónicos precolombinos, coloniales y modernos. En octubre de ese mismo año, se produjeron grandes disturbios, donde perecieron miles de estudiantes en manos de la policía. "El dos de octubre no se olvida" reza la *vox populi*, en recuerdo de la triste masacre.

"El 13 de agosto de 1521, heroicamente defendido por Cuauhtémoc, cayó Tlatelolco en poder de Hernán Cortés. No fue triunfo ni derrota, fue el doloroso nacimiento del pueblo mestizo, que es el México de hoy". Es el resumen esculpido en piedra que recuerda la caída de la plaza en manos españolas.

*Arriba, Templo de Quetzalcoalt.*

*En la página 40, Pirámide Principla e Iglesia de Santiago; en la página 41, ruinas y el nuevo Ministerio de Asuntos Exteriores*

# Mitla, la ciudad de los mosaicos y grecas de piedra. Oaxaca

Cercana a la ciudad de Oaxaca se encuentran los restos de la ciudad de Mitla, centro de la cultura mixteca donde se plasmaron numerosas construcciones y manifestaciones artísticas, tanto de carácter religioso como militar, éstas últimas dependientes de los zapotecas, con los que convivieron. Después de la hegemonía de Monte Albán, ciudad zapoteca, le correspondió a Mitla el importante papel de la actividad mixteca.

En Mitla se encuentran cinco grupos de edificaciones o palacios bajos, con salas largas y

*Arriba, Palacio de las Columnas adornado con frisos y estucados policromados; a la derecha, Grecas en el Patio de los Mosaicos de Mitla*

*En las páginas 44-45, Grecas en el Grupo de la Iglesia y, al fondo, la Iglesia de San Pablo*

*Arriba, Patio de los Mosaicos en el Grupo de las Columnas; a la derecha, detalle de la Sala de las Columnas*

estrechas, techos planos y rodeada de enormes patios. Una característica de esta arquitectura son los denominados mosaicos de piedra, colocados sin adhesivo alguno, unos a continuación de los otros, formando bellas estructuras geométricas y serpenteantes de tipo decorativo. De ellas, la más importante es la denominada Palacio de las Columnas, por tener seis columnas monolíticas que sostenían el techo y que de alguna forma nos recuerdan el palacio de las columnas de Uxmal. Este palacio incluye el Patio Norte y Patio Sur y es el grupo arquitectónico

más representativo y que conserva aún su fachada adornada de frisos y paredes, todavía policromadas.

Otras estructuras, además del Palacio de las Columnas, son las situadas junto al arroyo, el grupo de edificaciones Sur, el grupo de Adobe y el grupo de la Iglesia.

Además de los palacios, se han encontrado tumbas semejantes a las de Monte Albán, pero de las que no se pudo recuperar objetos artísticos o funerarios, ya que fueron saqueadas con anterioridad. En cambio, sí se han encontrado códices pictográficos dibujados sobre pieles de venado, y no sobre piedra como hacían los mayas, que representaban a personajes importantes de la vida sacerdotal, militar y social.

*En Mitla, la arquitectura ceremonial sagrada y religiosa tuvo un papel más secundario frente a la residencial y administrativa, reservada a las castas sacerdotales y militares.*
*A la derecha, detalle del patio interior del Templo de las Columnas.*
*Lo más interesante es la decoración de sus muros, realizada de abajo hacia arriba y formada por un zócalo en talud, tres tableros y una cornisa.*
*Los mixtecas, los habitantes de Mitla y Monte Albán eran denominados "el pueblo de las nubes".*
*Lo más representativo de esta cultura oaxaqueña son los mosaicos constituidos por multitud de piedras cortadas mantenidas juntas por presión y sin ninguna sustancia o amalgama aglutinadora, que adornan las paredes y forman frisos y motivos geométricos de formas serpenteantes*

# Xochicalco, Estado de Morelos

Al sur de la bella ciudad de Cuernavaca se encuentra el yacimiento de Xochicalco, en el Estado de Morelos. Fue una ciudad primero conquistada y luego habitada por toltecas y chichimecas, tribus guerreras procedentes del norte que floreció entre los años 750 y 900 d.C.

Fue precisamente con el hundimiento de la ciudad de Teotihuacán cuando realmente resurgió Xochicalco como centro y potencia comercial, al encontrarse de camino entre la ruta del altiplano y los pueblos del sur. También se distinguió como centro de estudios del calendario, reflejado en numerosos frisos que recubren la gran pirámide de Quetzalcoatl.

Cuenta la historia que un jefe guerrero denominado Mixcoatl la invadió, pero se instaló en

*Arriba, detalle de la Pirámide de Quetzalcoatl; a la derecha, juego de la pelota*
*En las páginas 52-53, vista general de Xochicalco*

50

el denominado cerro de la Estrella del Valle de México. Su hijo Topiltzin, sacerdote y de talante diferente, convirtió la ciudad de Xochicalco en centro religioso, introdujo varias reformas, suprimiendo, incluso, los sacrificios humanos y favoreciendo las artes.

Desde esta ciudad se divisa el valle de Cuernavaca. Rodeada de murallas (que en cierta forma nos recuerdan a la ciudad de Tula), en su interior se construyeron palacios para los gobernantes y altos funcionarios; en la parte más al norte, templos para los sacerdotes; viviendas para sus habitantes en las laderas y una gran pirámide del dios Quetzalcoatl o Serpiente Emplumada, de influencias tolteca y maya, en el centro. También había un templo denominado la "Malinche" y un curioso juego de pelota cuyo campo tenía forma de "T".

Hacia el año 987, otro pueblo guerrero denominado emchimeca (adorador de Texcatlipoca, dios de la guerra) rodeó y asedió la fortaleza de Xochicalco; venció a Topiltzin, quien tuvo que

huir y se inició el ocaso de la ciudad. Luego llegarían los aztecas y acabarían con el bello emplazamiento.

En esta localidad, se celebró hacia el año 650 d.C. un importante congreso de estudiosos del calendario. El más difundido hasta la fecha era el ritual o religioso de 260 días, en donde se combinaban los nombres de 20 días y las cifras del 1 al 13. El otro calendario era el civil, de 360 días más cinco, es decir, 18 meses de 20 días más un corte de cinco, que era utilizado como un factor de corrección para poder cuadrar la acumulación de decimales. Existían otros calendarios como el de la "Cuenta Larga", que se iniciaba con un acontecimiento histórico que marcaba el año cero de los mayas, de 18 meses de 20 días. Estaba también el calendario de la "Cuenta Corta", el Calendario de la Luna, el de Venus, etcétera. Xochicalco era, sin duda, la ciudad del calendario.

*A la izquierda, relieves de la Pirámide de Quetzalcoatl, con alusión a la serpiente y al calendario; arriba, Pirámide de Xochicalco y Plaza de la Entrada*

*En las páginas 56-57, Gran Pirámide de Xochicalco o Pirámide A*

# Los Templos de Teotihuacán, Estado de México

Desde el siglo V a.C. hay indicios de la existencia de la cultura teotihuacana. Se sabe que estaba dedicada al dios Tláloc, o de la lluvia y de la fertilidad agrícola, que tenía una faz con trompa y cara de jaguar. Era una sociedad eminentemente campesina, donde el agua y su reparto tenía mucha importancia.

Teotihuacán significa "donde los dioses nacen" y sus ruinas se encuentran en el Estado de México, a unos 60 kilómetros de la capital federal. Es el conjunto de pirámides y templos religiosos más grande de todo el país, después de las de Cholula en el Estado de Puebla. Semejantes a las pirámides de Keops y Gizeh en Egipto,

*Arriba, Templo de Quetzalcoatl; a la derecha, vista general de la pirámide de la Luna.*

*En las páginas 60-61, vista general de Teotihuacán desde la Pirámide de la Luna*

aunque más bajas, tienen una base de 225 metros de lado y 65 metros de altura. En su tiempo aún era más alta, ya que sobre la cúspide existía un templo hoy desaparecido.

El amplio recinto arquitectónico declarado Patrimonio Cutural de la Humanidad por la UNESCO en 1987, era una ciudad-estado, perfectamente estructurada y urbanizada en donde llegaron a vivir más de 200.000 personas. Teotihuacán siguió siendo, después de su desaparición, un auténtico mito para el resto de los mexicanos.

En ella había mas de seiscientas pirámides, 2.000 edificios de viviendas, 500 lugares dedicados al comercio, a las artes, etc. La Ciudadela era el lugar donde vivían los altos funcionarios y los gobernantes; la Calzada de los Muertos, el eje principal de la ciudad de más de

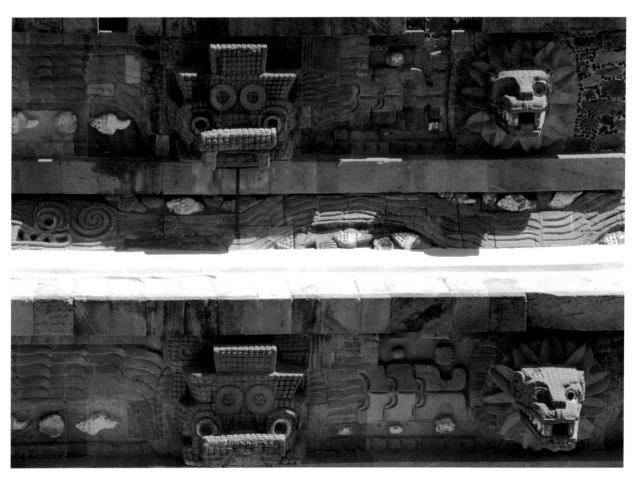

*Arriba, detalle de la escalinata del Templo de Quetzalcoatl, cabezas de serpiente y del monstruo de la tierra; a la derecha, pintura mural en Tetitla, deidad con máscara de jade*

*En las páginas 64-65, pintura mural del dios de las tormentas*

62

4 kilómetros de largo y así denominado por los cadáveres encontrados en las excavaciones; la Gran Pirámide del Sol, la más grande y antigua, fue construida en el siglo v a.C. y estaba dedicado a Tlaloc-Quetzalcoatl. El interior es de ladrillos de adobe cocidos al sol y el exterior es de piedra, alzado sobre cuatro grandes masas. Tenía una escalera de piedra que daba acceso al vértice truncado, donde existió un templo hecho de madera.

Al otro lado, en el extremo norte de la Calzada de los Muertos y de menor tamaño que la anterior, se encuentra la Pirámide de la Luna, dedicada a la diosa del agua denominada Chalchiutlicue. Está formada por cuatro cuerpos superpuestos y en su interior y bajo la base existen unas galerías y estancias subterráneas dedicadas al culto. A un lado de la denomimada plaza de la Luna existe un edificio dedicado a Quetzalpapalotl, que constituye un auténtico palacio colore-

*Palacio del Quetzal-Papalotl, con su patio porticado*

ado de tonos rojizos y en su interior bellos murales. También se encuentra el mural del Puma y otros edificios con alusiones al dios Quetzalcoatl o la Serpiente Emplumada, templos dedicados a la agricultura, a los animales mitológicos, la casa de los sacerdotes, plaza del mercado, etc. Todo ello ocupaba una superficie de 23 kilómetros cuadrados.

La pirámide del Sol se halla orientada de tal forma que señala el movimiento del sol desde que amanece hasta que anochece. También señala perfectamente los equinocios y solsticios y es un lugar escogido por los mexicanos para acumular la energía cósmica.

Los teotihuacanos eran buenos alfareros y escultores y trabajaban exquisitamente la obsidia-

*Pintura mural en el palacio de los Jaguares*

na y el jade, piedra más valiosa que el oro, confeccionando figurillas, máscaras funerarias, vasos cilíndricos apoyados sobre tres pies, y objetos que vendían por otras ciudades, ya que también eran unos reconocidos comerciantes.

Magníficas pinturas murales decoran las paredes de templos, tumbas y palacios. Muestra de ello es la denominada pintura policroma "Paraíso de Tláloc", dedicada al dios de la lluvia y fertilidad.

Otra ciudad del altiplano que brilló junto a Teotihuacán fué Cuicuilco, que fue destruída de forma violenta en el año 100 a.C. debido a la erupción del volcán Xitle. Por ello, sus habitantes se refugiaron en la ciudad de Teotihuacán, que de un pequeño centro ceremonial pasó a ser la gran metrópoli que alcanzó su apogeo alrededor de los año 250 y 600 d.C. Los contínuos periodos de sequia y las invasiones chichimecas acabaron con la vida de Teotihuacán hacia el año 750 d.C. aunque fue abandonada en el año 1000 d.C. viajando sus habitantes hacia Tula.

*Arriba, ave rapaz con un torrente de color rojo que brota de su pico, pintura de Tetitla; a la derecha, máscara de piedra recubierta de turquesa, concha y obsidiana, de la cultura de Teotihuacán, expuesta en el Museo Nacional de Antropología*

# Tajín, Veracruz

La zona arqueológica de Tajín se encuentra muy cerca de Poza Rica y a escasos 15 kilómetros de Papantla, célebre por sus indios voladores, y a poco más de 200 kilómetros de Veracruz en línea recta. Fue redescubierta en 1785. Era un importante centro cultural, político y religioso de la cultura totonaca, que brilló entre los siglos IX y XII. Al norte tenían a los huastecas como vecinos y a los olmecas, al sur.

Puede hablarse de dos Tajin: el Inicial, que data del año 200 d.C., y el denominado Chico, que floreció entre los años 700 y 1200, y tuvo

*Arriba, zona central y juego de la pelota al sur; a la derecha relieve del juego de la pelota*
*En las páginas 72-73, Gran Pirámide de los Nichos*

influencia tolteca. Los habitantes totonacas de El Tajín eran hábiles arquitectos y excelentes artistas, sobre todo talladores y escultores de piedra. Pueden observarse los relieves de formas geométricas que decoran parte de los edificios públicos, con motivos diversos.

Hoy se pueden visitar varios monumentos, como la pirámide de los 365 nichos, que representa cada uno de los días del año largo. El año corto era el religioso de 260 días. Las hornacillas están dispuestas en los cuatro lados del edificio, son de base cuadrangular de 35 metros de lado y 25 de altura, distribuidas en siete plantas con un borde saliente. Estaban construidas de forma especial para que los juegos de luz y sombra lograran efectos sorprendentes y deseados para el culto. También destaca el juego de la pelota, de 60 metros de largo y 10 de ancho, en cuyas paredes están representadas escenas del juego, figuras de hombres-águila, escenas religiosas, etc.

Un siglo después aparece el Tajín Chico, con la plaza, el edificio denominado Número 1, rico en pinturas policromas y el conjunto denomina-

*Arriba, plaza del Arroyo, a la derecha, estructura en el Tajín Chico, hornacillas funerarias*

do las Columnas, de estructura piramidal, que en uno de sus lados tiene un pórtico con dos series de tres columnas de forma cilíndrica, de 1 metro de diámetro, con relieves esculpidos sobre su superficie. Desde este lugar se obtiene una excelente panorámica sobre la zona. Está declarado Patrimonio Cultural de la Humanidad por la UNESCO desde 1992.

En el Estado de Veracruz existe el centro ceremonial amurallado de Cempoala, construido por los totonacas y habitado por ellos hasta la llegada de los españoles en 1519. La plaza central tenía una supefície cercana a los 250.000 metros cuadrados y vivían en ella unas 30.000 personas. Destacan el templo de las Chimeneas, el altar y la Gran Pirámide

*Tajín era un dios Totonaca, responsable de la lluvia y de la fertilidad; a la derecha, vemos diversas estructuras de El Tajín, como la Número 23, la Número 3 y la Pirámide de los Nichos*

# Tula, Hidalgo

En el Estado de Hidalgo a unos 80 kilómetros del D.F y de Pachuca, se encuentra la zona arqueológica de Tula, la mayor de las ciudades toltecas. En los años que antecedieron a la desaparición de la cultura de Teotihuacán, un grupo de chichimecas y toltecas, capitaneados por Mixcoatl-Camaxtli, recorrieron todo el valle pasando por Toluca, Teotihuacán y Culhuacán, y conquistaron la zona de Otomí, desde Jilotepec a la actual Tula, antes denominada Tollan.

El hijo de este, Ce Acatl Topiltzin, recuperó y agrandó el imperio y fundó la ciudad de Tula en 968 d.C. al pie de Montse Xicuco. Ce Acatl Topiltzin mejor conocido como Quetzalcoatl es

*Arriba, Chac Mol de la cultura tolteca en el Museo Nacional de Antropología; a la derecha, templo de Quetzalcoalt con la columnata que sostenía el templo Quemado*

*En las páginas 80-81, Atlantes o Guerreros de Tula*

el soberano más notable y venerado de toda la historia mitológica mexicana. Es el personaje sobre el que giran las mayores leyendas indígenas. Después de fundar la ciudad y lograr para sus gentes un periodo de estabilidad y prosperidad, tuvo que huir, ya que su pueblo belicoso no aceptaba las formas pacíficas de este soberano ni tampoco al dios que este veneraba. Curiosamente, le pusieron a él el nombre del dios: Quetzalcoatl o Serpiente Emplumada. Fue hacia el año 884 d.C. cuando huye o se marcha para evitar derramamiento de sangre. A partir de ahí varios reyes expandieron el imperio tolteca, que se hizo fuerte y poderoso. Toltecas y chichimecas vivieron en paz hasta que en 1116, sequías y otras enfermedades la debilitaron, acto que aprovechó este último pueblo para destruir Tula en 1168, reduciendoloa a ruinas que hoy podemos observar. Los toltecas se establecieron en la península del Yucatán y contribuyeron al arte

*Columnata del palacio Quemado*

y elevación de Chichén Itzá. La leyenda de Quetzalcoatl prosiguió y todos esperaban ansiosamente su regreso, hecho que se hace coincidir con la llegada de los españoles en 1521. De ahí la confusión. Son numerosos los templos dedicados a este rey-dios.

La ciudad tolteca de Tula, erigida con fines defensivos sobre una montaña, adquirió grandes proporciones adoptando elementos arquitectónicos de los teotihuacanos, como el denominado talud y el tablero, y en ella se encontraban varias edificaciones sobre una gran plaza central, también denominada plaza Grande. En ella se albergaban los templos como el de Tlahuizcalpantecutli o Tlahuizcalpanteccuhitli —Estrella Matutina– que estaba precedido de una sala donde se levantaban los célebres atlantes o columnas en forma de guerreros toltecas, rematadas con plumas en la cabeza, y otra serie de pilares. Junto a otro templo dedicado a Quetzalcoátl había una columnata perteneciente al palacio Quemado, así denominado por haber sido destruído por un incendio en 1168. También había un juego de pelota, otra plaza más pequeña, etc.

La denominada pirámide B o el templo de la Estrella Matutina era el edificio más importante, construído sobre seis estadios o plataformas decrecientes y precedido por un atrio con columnas y bancos de piedra trabajados con bajorrelieves de guerreros. En lo alto había un templo cuyo techo estaba sostenido por cuatro figuras de cabezas de guerreros. También el altar estaba sostenido por cuatro figuras de atlantes. El muro de la serpiente, en esta pirámi-

de, es particularmente atractivo. En él se ve un ofidio de unos 20 metros comiéndose a un ser humano. Otros bajorrelieves de la pirámide representan jaguares al acecho, águilas devorando corazones humanos, coyotes, guerreros, etc.

*Detalle de un atlante en Tula*

83

# Zona arqueológica de Becán, Edzná, Labná, Kabáh, Dzibilnocac, Hochob y Sayil. Campeche

## Becán

La zona arqueológica de Becán se encuentra al norte de la carretera de Escárcega a Chetumal. Su apogeo se sitúa entre los siglos VII y XI d.C. si bien fue abandonada cuatro siglos después. Tenía un foso y una muralla. En su interior, tres plazas con estructuras diversas, como observatorios, templos, graneros, etc.

## Edzná

La zona arqueológica de Edzná se encuentra a 65 kilómetros al sureste de Campeche. Entre sus edificios notables se encuentra la pirámide de los Cinco Pisos o Plantas que corresponde al periodo clásico maya, mezclado con la arquitectura puuc. En lo alto de esta pirámide, un templo con crestería de piedra de seis metros de

*Arriba, Becán, plaza del Este y diferentes estructuras mayas; a la derecha, estructura Número 1 en Becán*

altura. La primera planta tiene siete estancias con pilastras cuadradas. Las pilastras de la cuarta planta, en cambio, son redondas y de estilo puuc. Tiene adosada una escalinata muy empinada de acceso. También se encuentra en este yacimiento el Templo de Nohol Na, netamente sagrado y con una fachada de 120 metros de larga. Otras estructuras son el templo de las Cuchillos, formado por varias estructuras edificadas en épocas diferentes.

A 30 kilómetros de la frontera guatemalteca se encuentra Calakmul, en el interior del Parque de Reserva de la Biosfera, del mismo nombre.

Es otra ciudad maya con estructuras del siglo III y VIII donde había observatorio, templos, residencias, todo en torno a la denominada Gran Plaza.

Para viajar desde Campeche a Mérida, ya en el Estado de Yucatán, existen varias rutas alternativas, de una media de 200 kilómetros. Una de ellas es la famosa Ruta Maya, donde las ruinas de Uxmal son las mas visitadas y las de Hochob las menos. Kabah, Xtacumbilxunaan, Loltun, Ticul, Dzibilnocac, Sayil, Labná, son centros de interés arqueológicos. Chichén Itzá es la estrella.

*Arriba, plaza Principal y templo Sur; a la derecha, el templo de los Cinco Pisos adornado con su crestería*

## Labná

Junto a Sayil y Uxmal se encuentra Labná, ciudad de arcos de estilo puuc. El arco principal, de falsa bóveda y decorado con bellos bajo relieves, grecas y mascarones, está alzado sobre una base cuadrangular, y más que una estructura conmemorativa de un triunfo constituía el acceso de comunicación entre dos estancias o conjuntos arquitectónicos. Tiene una altura de 6 metros y un ancho de 3.

Otra estructura es la denominada "Mirador", elevada sobre una pirámide, en cuya cúspide se encuentra un templo dotado de alta crestería. A la entrada del yacimiento puede apreciarse un camino elevado o *sacbé* bien conservado, que conducía directamente al palacio de Labná.

*Arriba, estructura Número 7 en Calakmul, a la derecha, estructura Número 2 de Calakmul y reserva de la biosfera en la selva Maya*

## Kabáh

Muy cercana a Uxmal, con la que estaba comunicada por una calzada de piedra blanca, denominada *sacbés*, se encuenta el yacimiento de Kabáh, situado a 150 kilómetros de Campeche y a 100 kms de Mérida; en ella destaca el templo de Codz Poop, de amplia fachada de 45 metros de largo, con 260 máscaras dedicadas al dios Chac, titular de la lluvia y la fertilidad. Se le conoce también como el templo de los Mascarones. Las endiduras de las prominentes narices de las máscaras, sostenían farolillos que cuando se encendían creaban un resplandeciente muro de fuego.

No es casualidad y que sean precisamente 260 máscaras idénticas, ya que ese era el número del calendario ritual maya, conocido como *tzolkín*. El paso entre las diferentes estancias al palacio era mediante una especie de estera enrollada, que en realidad es lo que significa el nombre de Codz Pop, y constituía un signo de distinción para los notables pisar aquella especie de escalón emblemático o elemento arquitectónico de piedra.

Justo al lado del palacio de los Mascarones se encuentra otra estructura restaurada hacia 1990, cuya fachada está compuesta por figuras de formas robóticas caracterizadas con bigotes, coronas, y que designan a personajes nobles o incluso reyes. También se encuentra un arco que en otro tiempo fue la puerta de entrada de la ciudad de Kabáh.

*Mascarón del dios del Sol, en Edná*

## Dzibilnocac, Dzibilchaltún y Hochob

Son zonas arqueológicas tan dignas como poco visitadas. Allí se encuentran los Tres Templos. El tercero de ellos, que es un edificio alto y estrecho con habitaciones y estuco en sus fachadas, es el mejor conservado. En el nivel más alto se encuentra la máscara de Chac. En los niveles intermedios, diferentes figuras y relieves sin proporciones. Hochob dispone de varios templos distribuidos igual que hacían los griegos en sus acrópolis, en una plaza situada en lo más alto del conjunto y dedicada a Chac, el dios de la lluvia.

En Dzibilchaltún, a escasos 12 kilómetros de Mérida, existe el templo de las Siete Muñecas, que data de finales del denominado periodo clásico. Este lugar llegó a tener más de 20.000 habitantes y estaba muy relacionado con el comercio de la sal. Cerca se encontraba el cenote de Xalacah, célebre por sus ricas ofrendas.

El templo de las Siete Muñecas se sitúa sobre una plataforma alzada y escalonada, con una escalinata a cada lado, una fachada con puerta y dos grandes ventanas en los lados y una torre central hueca por encima de la estructura. En el interior se encuentran siete figuras antropomórficas, que dan origen al nombre del templo.

*Estructura Número 2 y mascarones de Chac Mol, en Calakmul*

## Sayil

En el yacimiento de Sayil, que significa "el lugar de las hormigas rojas", se encuentra el palacio del mismo nombre, con mas de 50 habitaciones y una bonita vista desde donde se divisan los montes Puuc, principal sistema montañoso de la zona. En Sayil se han encontrado numerosas cisternas subterráneas donde almacenaban la preciada agua. Estaba comunicada por el denominado camino blanco, calzada elevada a prueba de inundaciones.

El palacio de Sayil, de carácter netamente civil, estaba destinado a residencia de notables. Está adornado con mascarones similares al los de Kabáh. Tiene también una columnata cilíndrica del estilo puuc que se alterna con grupos de pequeñas semicolumnas juntas. El edificio, de planta rectangular y 85 metros de largo, se eleva sobre una base o plataforma de tres pisos, dando una estructura piramidal con pórticos y columnata. Tiene siete puertas, por un lado, cuatro de las cuales son simples y tres con dinteles sostenidos por columnas. Por el otro lado tiene cinco puertas más de tipo simple. La planta del medio puede considerarse como la más interesante desde el punto de vista arquitectónico. En la parte superior se halla un friso con máscaras de Chac y representaciones de la Serpiente Celeste.

*Arco de la arquitectura Puuc*

# Uxmal y su zona arqueológica, Yucatán

La mayor parte de las esculturas de piedra de Uxmal, "la tres veces construida y destruida", han desaparecido, así como la famosa "Reina de Uxmal " y los innumerables falos que anunciaban la fertilidad del terreno. Lugar de cenotes, chultones y aguadas donde almacenar agua y realizar sacrificios, y de estelas jeroglíficas que nos hablaban de las costumbres y di-

*Arriba, patio de bóveda y columnas redondas en el denominado Cuadrángulo; a la derecha, la pirámide del Adivino*
*En las páginas 96-97, vista general de la pirámide del Adivino, la más alta de Uxmal, con su templo.*
*En la página 98, la Gran Piámide; y en la página 99, máscaras de Chac en el denominado Cuadrángulo de las Monjas*

vinidades de la vida maya y xiu. La zona arqueológica de Uxmal de clara influencia Puuc y menos tolteca que Chichén Itzá es del denominado periodo clásico del siglo VI d.C. Fue declarada Patrimonio de la Humanidad en 1996.

El último rey de Uxmal fue Suytok Tutul Xiu. Como los sacerdotes mayas habían vaticinado la llegada de hombres blancos y barbados desde el mar, no ofrecieron ninguna resistencia a los españoles, a quienes confundieron con su dios Quetzalcoatl. Incluso el ya anciano Tutul

Xiu fue bautizado y apadrinado por el mismo Francisco de Montejo, fundador de Mérida.

En Uxmal destaca el Templo del Adivino, el edificio más alto de Uxmal, construido por un hechicero enano que nació del huevo de una bruja y alcanzó la madurez en tan sólo un año. El señor y gobernador de Uxmal, asustado ante tal prodigio, se midió con el enano en la construcción de una pirámide. La del enano fue superior a la Gran Pirámide del Gobernador, quien adujo que la base de la pirámide no era

*Arriba, detalle del Cuadrángulo de las Monjas; a la derecha, mascarones de Chac en el mismo edificio.*

*En las páginas 102-103, vista general de Uxmal*

rectangular sino elíptica. Tras serios dictámenes, el enano ganó la disputa y el gobernador fue condenado a pastorear. Al oeste, se encuentra el por Complejo del Convento, conjunto de edificios alrededor de una plaza de 65 por 45 metros, así denominado por la similitud con las celdas de los conventos hispanos. También se le conoce como la Casa de las monjas, y está adornado con un friso de bella estampa visual. El edificio estaba dedicado al dios del cielo y del sol, Itzamná, y a Chac, el dios de la lluvia.

La casa o Templo de las Tortugas, así denominada por las numerosos galápagos esculpidos en la piedra, y el palacio del Gobernador, se encuentran en lo alto de un montículo escarpado, Éste último con 24 salas distribuidas en tres pabellones. Cerca de la Casa de la Anciana o bruja, es decir la madre del enano, y el Templo de los Falos. Resulta entretenido, más que atractivo, el espectáculo de luz y sonido que se realiza por las noches de verano, especialmente para turistas.

*Altar de los Jaguares, formado por un felino bicefálo; al fondo, el palacio del Gobernador*

*Arriba, relieve del palacio del Gobernador; abajo, vista general del Cuadrángulo de las Monjas, así denominado por su similitud a las celdas de un convento*

# Chichén-Itzá, Yucatán

Es un lugar que no defrauda. Dicen de él que el Castillo, su pirámide principal, es sobrecogedor desde abajo e inquietante desde lo alto. La cuidad fue declarada Patrimonio de la Humanidad en 1988. El nombre equivale a decir "el pozo de los Itzá". Fue un importante centro comercial, religioso y cultural maya, pero enclavado en territorio tolteca, que perduró incluso como centro de peregrinaje después de la llegada de los españoles.

*Arriba, vista del observatorio astronómico denominado "el caracol"; en la página siguiente, estatua de Chaac Mool, en el denominado Templo de los Guerreros*

De todos los edificios, la pirámide cuadrangular, de 24 metros de altura, denominada el Castillo, es la más alta e importante del conjunto. Los 91 escalones de cada lado de esta pirámide, más los de la plataforma superior, suman 365, lo que representan los días del calendario civil. Los 52 paneles de los 9 niveles escalonados equivalen al número de siglo del año religioso tolteca y cada cara de las nueve terrazas está dividida por una escalera, dando lugar a 18 secciones que equivalen a los 18 meses del calendario maya. Los cuatro ejes de las pirámides coinciden con los puntos cardinales y durante el equinocio, que se produce cada seis meses, la sombra proyectada sobre las terrazas se proyecta a su vez sobre la escalera norte, dando lugar, en su base, a la silueta de una ondulante serpiente cuya cabeza coincide con la de piedra. Cada 21 de marzo, la

*En la página anterior, vista general del Castillo.*

*Arriba, Templo de los Guerreros y planta del conjunto, denominado el Grupo de las Mil Columnas*

*Arriba, detalle del Templo de los Guerreros; abajo, cancha del juego de la pelota.*

*En la página siguiente, Grupo de las Columnas*

serpiente se encuentra descendiendo la escalera, mientras que el 21 de septiembre se mueve hacia arriba. Es una fecha señalada para un espectáculo semireligioso que cada año atrae a miles de curiosos y peregrinos.

El Castillo se construyó sobre una pirámide tolteca anterior y dispone de una cámara interior que puede visitarse por la puerta que hay al pie de la escalera norte, justo detrás de las orejas de la serpiente. Por estrechos peldaños de piedra se asciende a la cámara ceremonial del dios Chac-Mool o dios de lluvia, el equivalente del Tlaloc azteca. Otras estructuras no religiosas, como el juego de la pelota, mucho tenían que ver con los ritos sagrados, ya que los ganadores (algunos hablan de los perdedores) eran sacrificados. Sus paredes estaban decoradas con bellos bajorrelieves. Las esculturas del Templo del Barbudo en el extremo norte del juego de la pelota y las pinturas del Templo de los Jaguares confirman la importancia del sacrificio en los ritos de la fertilidad.

*Arriba, detalles de la decoración escultórica de la esquina del Templo de los Guerreros, formadas, por mascarones de concepción tolteca; a la derecha, detalle del mascarón del dios Chac, en el ángulo de la casa de las Monjas*

*Vista general del Castillo, también llamado Pirámide de Kukulcán*

*Arriba, vista general del Templo de los Guerreros y Grupo de las mil columnas; abajo, detalle del Templo de los Jaguares*

Cercano al juego de la pelota se encuentra el *Tzomplantli*, que significa la Plataforma de los Cráneos, donde eran exhibidos los cráneos de los enemigos sacrificados o muertos en combate. También se encuentra la Plataforma de los Jaguares y de las Águilas, de origen tolteca, donde existen pinturas representativas de jaguares y águilas hundiendo sus garras en corazones humanos. De igual forma, se halla cerca la Plataforma de Venus, el Cenote o pozo Sagrado, de forma circular y de 60 metros de diámetro, de donde saltaban vírgenes cargadas de joyas o robustos guerreros para hacer compañía a Chac-Mol.

El Templo de los Guerreros, donde se encuentran cuatro filas de columnas que anteceden a la escalinata de acceso, fue construido siguiendo el modelo de la Estrella Matutina de Tula y el Grupo de las Mil Columnas, anexionado al Templo de los Guerreros y, en el extremo de la plaza central, completan estas estructuras. Edificio singular, además de la Casa Roja y Casa del Ciervo, es el observatorio, de planta circular y eficaz planetario de donde se observaban los astros con gran precisión. Se le conoce con el nombre de "Caracol" por la escalera de forma helicoidal que comunica el interior

*En las páginas 118-119, plataforma de los Cráneos o Tzompantli.*

*Arriba, la Casa de las monjas; a la derecha, Pirámide de Kukulcán o el Castillo*

con la plataforma superior u observatorio. Los mayas eran grandes astrólogos. También se encuentra allí el Convento o Casa de las monjas, recinto religioso con numerosas celdas que nos recuerdan los centros cristianos.

De Mérida a Chichén Itzá se pasa por varias haciendas privadas, denominadas las Haciendas de Henequén, como las de San Pedro, Teya, Ticipó, San Bernardino y Hoctún, cada una con su plaza mayor y su iglesia correspondiente. Muy cerca de esta última se encuentra Izamal o Ciudad Amarilla, donde se halla la iglesia dedicada a San Antonio de Padua con la mayor balaustrada del mundo, después de la Plaza de San Pedro en el Vaticano.

*Templo de los Jaguares y su acceso porticado. Al fondo, el juego de Pelota*

*Arriba, el Caracol u Observatorio Astronómico; abajo, relieve en el juego de Pelota*

# Yacimiento de Cholula, Estado de Puebla

Cholula era la ciudad-estado de los mixtecas y fue la segunda cultura que vivió y sintió la presencia del errante Quetzacoatl que, abandonando la ciudad de Tula, se refugió en ella con un ejército de toltecas. De clara influencia teotihuacana, allí se construyó una gran pirámide dedicada a Quetzalcoatl, que denominaban *tlachihualtépetl*, que significa "montaña hecha por el hombre". Su altura era de casi 60 metros y de 350 metros. En su interior, de ladrillos de adobe cocidos al sol, más de seis kilómetros de túneles. Su base ocupaba 44 acres de terreno que equivalen a unas diecisiete hectáreas. En lo alto del tronco de la pirámide había un templo dedicado al dios del aire, que no era otro que el mismo Quetzalcoatl. La

*Arriba, túnel de la Pirámide de Tepanapa; a la derecha, Patio de los Altares*

gran pirámide de Cholula está considerada como la construcción más grande de América en aquella época.

Cuando el propio Cortés vio la ciudad por primera vez, quedó maravillado y la describió diciendo que "situada en una llanura, tiene veinte mil casas dentro de sus muros y otras tantas fuera. La ciudad es muy fértil y no hay un palmo de tierra que no esté cultivado. Maíz, magüey, del que sacan sus vinos, alfarería, etc. En su interior, llegué a contar mas de 400 pirámides, de las que el templo del Gran Secreto o pirámide de Quetzalcoatl era incluso más elevada que la de Ciudad de México".

*Pirámide de Tepanapa, vista general de Cholula*

# Zona arqueológica de Tulum, Quintana Roo

Dicen que Tulum era una ciudad maya muy bien cuidada y mantenida. De hecho los muros de su templo siempre estaban pintados de blanco y azul y los numerosos murales representaban a los dioses mayas en conversación. Con anterioridad se había llamado Zama o Ciudad de la Aurora y es que el Gran Templo cuya parte posterior daba al mar recibía el primer resplandor de la aurora. Fue un centro de peregrinación maya durante el periodo posclásico, que va desde el año 800 hasta el 1500. Más tarde, la gente comenzó a llamarla Tulum, que quiere decir "amurallada", y es que un ancho muro de hasta más de seis metros de grosor en alguna de sus partes rodeaba toda la ciudad, excepto por la parte que daba al mar.

*Arriba, restos de la estructura denominada El Palacio; a la derecha, El Castillo colgado visto desde la playa.*
*En las páginas 130-131, vista general de Tulum y su apacible playa*

Tulum, aunque pequeña, era significativa, ya que en ella vivía gente importante. Eran fundamentalmente mercaderes y comerciantes que al resguardo de la segura ciudad protegían sus pertenencias y material de trueque. Sal, telas finas, henequén, esteras, miel, etc. eran los principales productos. También los granos de cacao que utilizaban como moneda. Agricultores y pescadores vivían fuera de la ciudad diseminados por la selva. Chetumal, Zamabac, etc., eran lugares próximos y bien comunicados por los caminos alzados de piedra caliza blanca, llamados sacbés. También estaba dotada de torres vigía con las que se comunicaban de forma constante.

El recinto encierra unas cincuenta estructuras o ruinas, algunas de ellas de gan belleza y enclave, denominadas por números. Así, la estructura 21 debió ser un gran palacio de estructura alargada y un atrio con columnata. En el centro de Tulum estaba el templo mayor o Gran Tem-

*Arriba, El Castillo de Tulum visto desde la playa; a la derecha, vista general de Tulum.*
*En las páginas 134-135, detalle de la estructura de El Castillo*

plo, también denominado El Castillo, rodeado de un gran patio donde estaban las casas de los sacerdotes. Había otros templos menores como el del "dios que se hunde", asi llamado porque parecía sumergirse en la tierra y estaba pintado de vistoso color azul. El Templo de los Frescos es uno de los últimos edificios construidos por los mayas antes de la conquista, y las torres de guardia ubicadas en las esquinas de las murallas eran utilizadas por los vigías, que siempre otea-

ban la costa y el mar. Algunas otras casas de funcionarios estaban pintadas de color rojo y negro, como la del juez, la de los guerreros notables, la de los comerciantes adinerados, etc. El edificio conocido como El Palacio es de estructura alargada, y está precedido por un atrio con columnata.

Hoy aún puede contemplarse, el resplandor que tuvo, y posee ese encanto especial de ser de las pocas ciudades-templo a orillas de un mar

*Arriba, relieve de un dintel; a la derecha, torre de vigilancia*

136

espléndido, de color turquesa que hace juego con el templo. Fue divisada por primera vez desde el mar por Juan de Grijalva en 1518. Posteriormente a la Conquista fue abandonada, hasta que Frederick Catherwood y John Stefens la redescubrieron en 1841.

Cerca de Tulum se encuentran los yacimientos de Coba, a orillas del lago del mismo nombre, los de Xel-há, con su palacio y el grupo de ruinas denominadas Jaguar, los Pájaros, etc. También se encuentra la localidad de Xcaret, emparentada a Tulum, pero más pequeña. La naturaleza en toda esta zona es exuberante y conforman un auténtico parque natural conocido como la Reserva de la Biosfera de Sian Ka´an, y los parques y áreas protegidas de Cozumel, Isla Mujeres, Puerto Morelos, Punta Cancún, Isla Contoy, Yum Balam Uaymil y Punta Nizuc.

*Vista de El Castillo, la playa y el acantilado de rocas que hacían inaccesible el asalto a la ciudad*

# Monte Albán, Oaxaca

Los zapotecas de Oaxaca eran una etnia que alcanzó un elevado grado de civilización y representaron una línea de conexión entre el México Central y la zona maya. Luego, los toltecas ocuparon esta zona en el siglo XII y los mixtecas lo hicieron después, siendo los aztecas los últimos y reduciendo Monte Albán a ruinas, hasta tiempos recientes.

Monte Albán, principal centro zapoteca, es un conjunto arquitectónico compuesto, además, por las culturas olmecas, mayas, mixtecas y aztecas. Fue la ciudad-templo habitada de forma

*Arriba, vista parcial de la Gran Plaza, con los edificios G, H e I, y el montículo 3; a la derecha, Galería de los Danzantes.*
*En las páginas 142-143, vista general de la Gran Plaza de Monte Albán, con la mayor parte de las estructuras*

continua por más tiempo en todo México y Mesoamérica. Desde el año 500 a.C. hasta el año 1469 d.C.

A escasos kilómetros de la ciudad de Oaxaca, construida sobre una gran plaza rectangular de 700 metros de largo por 250 de ancho, a 1800 metros sobre el nivel del mar, contenía diez grandes estructuras: observatorio, juego de pelota, palacios, pirámides y sobre ellas templos diversos, entre los que destaca el Templo de los Danzantes. En ella llegaron a vivir hasta 30.000 personas. El arqueólogo mexicano Alfonso Caso, que empezó a excavarla en 1930 no se imaginaba lo que su hallazgo representaría.

Hubo cinco periodos diferenciados de ocupación. El Monte Albán I se produce entre los años 800 y 200 a.C., con adornos de la cultura olmeca de la costa atlántica. Luego, Monte Albán II, desde el 200 a.C hasta el 100 d.C. con influencia maya, al que le sigue un periodo zapoteca que duraría mas de seiscientos años. El cuarto periodo es mixteca, con nuevos dioses, nuevas influencias artísticas, variación en el calendario, tumbas, urnas, murales, etc. La quinta fase es azteca, propulsada por Moctezuma I, quien conquistó Oaxaca en 1469 para garantizar la ruta hacia Guatemala y América Central.

Los artistas zapotecas construían unas típicas urnas funerarias y vasos cilíndricos en forma de figura erguida o sentada, a modo de guardián. Estos vasos se encontraban delante de las tumbas o ataúdes sepulcrales, de ahí el nombre de urnas funerarias. Una de las tumbas más famosas, descubierta y estudiada en 1932 por Alfon-

*En la página anterior, estela de la Gran Plaza.*

*Arriba, el denominado Patio Hundido, sistema Número 4 y Edificio L; abajo, Plataforma del Norte*

so Caso es la denominada Tumba 7, donde se encontraron mas de 500 piezas, como joyas de plata y oro, perlas, piedras preciosas, cráneos con incrustaciones de turquesas, treinta y cinco tablillas de hueso de jaguar cubiertas con grabados, recipientes y copas de alabastro, ónix, plata, etc. Un auténtico tesoro. De todas, la más curiosa es una lámina de 11 centímetros que cubre el pecho, que representa una cabeza con una máscara y un gorro con plumas de quetzal, y que simboliza a una divinidad maya.

Los zapotecas fueron grandes astrónomos y desde su flamante observatorio contemplaban y estudiaban el universo con notable exactitud.

Poseían dos calendarios: uno religioso de 260 días y otro de 365, que regía la vida económica y agrícola.

Monte Albán y Teotihuacán fueron ciudades muy importantes que florecieron al mismo tiempo. En ambas se han encontrado utensilios y piezas de la otra, por lo que resulta fácil pensar que estuvieron conectadas.

A 40 kilómetros se encuentra la ciudad de Mitla, que en zapoteco se traduce por "lugar de los muertos" bella por sus famosas grecas o dibujos geométricos basados en diseños textiles. Cuando los zapotecas abandonan Monte Albán, aunque siguió siendo centro religioso o ciudad sagrada, se desplazaron a Mitla, que se convirtió entonces en nuevo centro cultural. Enormes edificios erigidos sobre terraplenes, con techos planos sostenidos sobre pilastras monolítcas, y cuyos arquitrabes de las puertas están formados por una sola piedra que a veces supera las 24 toneladas.

*En las páginas 146-147, detalle de las figuras talladas referentes a danzantes.*

*A la izquierda, Gran Plaza desde el montículo Número 3; en primer término, el observatorio astronómico y al fondo, la Plataforma Norte; a la derecha, relieve de un guerrero esculpido en roca en la Plataforma Sur.*

*En las páginas 150-151, vista parcial de Monte Albán*

# Palenque, Chiapas

La zona arqueológica de Palenque se encuentra en mitad de la selva. El parque nacional de Palenque fue declarado Parimonio de la Humanidad en 1987. La ciudad, situada a medio enclave entre las ciudades del interior y de la costa, constituyó un importante y rico centro comercial donde se intercambiaban productos. Estuvo perdida y sepultada por la selva hasta el año 1746, cuando Antonio Solís la "descubrió". En 1825, el noble Waldeck pasó más de un año en estas tierras estudiando el yacimiento y aportando nuevos datos, pero no fue

*Arriba, interior del Gran Palacio; a la derecha, el Templo del Sol con su crestería.*
*En las páginas 154-155, vista general del Gran Palacio*

152

hasta 1934 cuando se empezó a estudiar de forma profunda. El último hallazgo fue el del arqueológo mexicano Alberto Ruz, cuando descubrió la Tumba de Pacal.

La ciudad está ligada a uno de sus jefes, llamado Kin Pacal, que significa el escudo del Sol. Vivió entre los años 600 y 684 d.C. y mandó construir las principales obras arquitectónicas de la ciudad. Tiene varios templos, conocidos por los nombres del Conde, en honor a Waldeck, Templo de las Inscripciones, donde se encuentra la Tumba del Gobernante, referida al rey Pacal, el Templo del Sol, erigido en el año 690 d.C. en honor a Chan Bahlum, el Templo de la Cruz Foliada, que data de 672 d.C. y fue construído poco antes de la muerte del rey Pacal, el Templo del Bello Relieve, el del León, etc.

En torno a la amplia plaza existe también El Palacio, conjunto arquitectónico sobre una plataforma trapezoidal y de forma alargada, con tres patios interiores y una torre de cuatro plantas, cuya misión era la de observatorio astronó-

*Arriba, Templo de la Cruz, Palenque; a la derecha, Templo maya de las Inscripciones.*
*En las páginas 158-159, vista general del Templo de la Inscripciones*

mico. Además, contaba con un juego de pelota, un acueducto y varias dependencias más. De todas ellas, El Palacio es el mayor edificio del yacimiento, con una base de más de cien metros de largo por ochenta y seis de ancho.

En la tumba de Pacal, en el interior del Templo de las Inscripciones (recinto de 9 metros de largo por 7 de alto y 4 de ancho, similar a la Tumba 7 de Monte Albán), fueron halladas numerosas joyas, así como una máscara confeccionada en jade, obsidiana y conchas de coral que cubría el rostro del gobernante, además de esculturas de estucos que representaban cabezas de nobles y sacerdotes. Su apogeo corresponde a los siglos VII y IX d.C. Fue descubierta por el arqueológo mexicano Alberto Ruz, en 1952.

*Arriba, Templo de las Inscripciones y el Gran Palacio; a la derecha, mascarón de cerámica maya.*

# Bonampak, Chiapas

El yacimiento arqueológico de Bonampak es conocido por sus frescos y pinturas, localizados en el denominado Templo de las Pinturas. Fue descubierto casualmente en el año 1946 por un antropólogo estadounidense que estudiaba a la etnia lacandona. En tres cámaras continuas se muestran pinturas policromas que, aunque carecen de perspectiva y han perdido parte de su fuerza colorida, muestran la maestría y perfección del arte pictórico maya.

Los temas más imporantes que pueden observarse en los frescos de la Cámara 1 giran en torno a los preparativos de unos guerreros en donde el jefe está rodeado de damas, músicos con tambo-

*Bonampak es el centro ceremonial maya que data del siglo VIII d.C. característico por la cantidad de frescos encontrados en 1946, cuando por casualidad fue descubierto.*
*Los temas pictóricos giran en torno a los preparativos bélicos, la victoria y el sacrificio de los vencidos*

res y trompetas y danzantes ataviados con plumas de quetzal, y otros disfrazados con máscaras de animales como el cocodrilo. En total, más de setenta representaciones a tamaño real de indios ricamente vestidos y adornados, donde se pueden apreciar mil detalles de sus trajes, máscaras, accesorios, armas, glifos, flechas, etc. Los colores predominantes siempre son marrones y negros sobre fondos más amarillos y azulados.

En la Cámara 2 destaca una victoria bélica, el asalto y captura de prisioneros que se rinden a los pies del vencedor. Se ve claramente como un guerrero recubierto con piel de jaguar deca-

pita a un prisionero capturado. La Cámara 3 es la dedicada al sacrificio e inmolación de los vencidos y está presidida por Chaan Muan, soberano que subió al trono de este pueblo en el año 766 d.C.

Los frescos de Bonampak, junto a los de Cacaxtla, están considerados como los mas bellos y representativos de la pintura mesoamericana. En el Museo Antropológico de la ciudad de México pueden observarse copias muy detalladas que superan a las demacradas originales.

Todo el estado chiapaneco tiene su interés tanto por lo artístico y religioso como por el entorno natural.

# La Venta, cuna de la cultura Olmeca, Tabasco

La cultura olmeca está considerada como una de las civilizaciones evolucionadas, artísticas y arquitectónicas más antiguas de México, situada al sur de Veracruz, en el Estado de Tabasco. De influencia maya, mantienen unas claras diferencias respecto a ese pueblo. Se puede hablar de un estilo único y singular en la confección de esculturas humanas y animales.

*Los olmecas esculpieron grandes esculturas en forma de cabezas en piedra volcánica. Algunas sostienen rasgos negroides, mientras que otras representan rasgos asiáticos, lo que puede dar una idea del origen de los olmecas.*
*La escultura conocida como "El señor de las Limas" representa a un personaje masculino que sostiene en sus brazos a una figura infantil que encarna al dios de la lluvia*

*En las páginas 172-173, detalle del Altar Triunfal en La Venta.*

*Arriba, figura en piedra de la cultura olmeca; a la derecha, cabeza colosal*

Las figurillas de rasgos infantiles mantienen formas de tipo monstruoso y desproporcionado, rechonchas, asexuadas, bocas grandes con muecas, grandes colmillos y enormes cabezas con una hendidura en la coronilla, que según los estudiosos, procedían de la unión de una mujer olmeca con un jaguar. El resultado de la unión de hombre-jaguar también nos recuerda al dios de la lluvia.

El término olmeca viene del náhuatl y significa gentes del Olmán, es decir, del país de hule. No todas las esculturas descubiertas eran así.

Había también algunas con representaciones realistas de personajes notables que existieron así como monumentos de basalto, la piedra más utilizada por ellos.

La Venta es el mayor centro olmeca en Tabasco, y está situado en una isla cercana al río Tomalá, a unos 25 kilómetros en el interior de la costa del golfo de México. En él se encuentra un conjunto de construcciones de terracota a lo largo de un corredor de unos 2 kilómetros de distancia. La obra más importante es una pirá-

*Arriba, figuras de cerámica olmeca que representan a niños; a la derecha, figura en piedra conservada en el Museo Nacional de Antropología*

mide de arcilla con una base de 125 por 75 metros de ancho y 35 metros de altura. Hay varios túmulos y un gran patio que estuvo rodeado de columnas de 2,20 metros. De todas formas, lo más curioso y representativo son las enormes cabezas olmecas de hasta 2,50 metros de altura, realizadas en piedra de basalto y cuyo peso sobrepasa las 35 y 40 toneladas. Esta piedra debía ser transportada desde unas antiguas canteras a más de 120 kilómetros al norte del lugar, utilizando balsas a través del río para su transporte. Las grandes cabezas sólo se han encontrado en otros tres centros ceremoniales olmecas: Tres Zapotes, San Lorenzo de Tenochtitlán y en la propia Venta. Representan rasgos humanos con labios hinchados, nariz chata y carnosa y un ligero casco sobre la cabeza a modo de cofia que representa la piel de un jaguar.

Se han encontrado enterradas, en La Venta, ofrendas votivas, objetos puntiagudos de jade, adornos para las orejas, colgantes con formas de jaguar y espejos curvos de superficie muy pulida y brillante que utilizaban para hacer fuego y con fines ceremoniales.

Los olmecas practicaban el culto chamánico, es decir, sus sacerdotes se trasformaban en brujos-chamanes capaces de transformarse en animales, preferentemente el jaguar, y tener contacto con las divinidades ultramundanas y entrar en éxtasis, gracias a las drogas como el peyote y los hongos alucinógenos.

La cultura olmeca se extinguió hacia el año 200 a.C. absorbida y conquistada por otros pueblos, como el zapoteca o el maya.

# La Quemada, Zacatecas

A escasos 50 kilómetros y en dirección sur de la ciudad norteña, monumental y colonial de Zacatecas, se encuentra la zona arqueológica de La Quemada, importante centro ceremonial de la cultura Chalchiuite, que brilló entre los siglos III y VIII d.C.

Habitada en el periodo preclásico por varias culturas como los xochimilcos, los tlaxcaltecas, chalcas y los citados chalchiuites, destaca en esta zona de ruinas, el Salón de las Columnas, el juego de pelota, la pirámide votiva y la muralla que protegía la ciudad.

En Alta Vista, otro centro arqueológico situado al noroeste de la capital del estado, Zacatecas, fue, como el anterior, centro ceremonial de los chalchiuites, y brilló más tiempo, durante los siglos III y VIII d.C. Ahí se encuentran los restos de 28 columnas que soportaban un pesado techo, supuestamente de un templo.

En las localidades de Teul y en la Presa de Linares, al sur de la ciudad de Fresnillo, se encuentran pinturas rupestres pre-colombinas.

*A la derecha, estela Número 2 de Tláloc; en la página siguiente, Pirámide Votiva.*

*En las páginas 180-181, Templo de las Columnas en La Quemada*

# Cancún, Quintana Roo

La zona de Cancún se encuentra al sur de la península del Yucatán, en el Estado de Quintana Roo. Fue el primer centro turístico promovido por el presidente Echeverría en los años setenta, después de la zona de Acapulco, donde se encontraban las playas más de moda de todo México.

Frente a este lugar se encuentra la bella isla de Cozumel, que antes de la llegada de los españoles era un importante centro ceremonial y de peregrinaje de los mayas. Allí vivía Ixche, la diosa de la Luna, y la responsable de los nacimientos. También era la diosa de los tejidos y de la medicina.

*Arriba, vasos de cerámica de la cultura maya; a la derecha, altar dedicado a Chac Mol, en plena playa de Cancún.*
*En las páginas 184-185, detalle de Chac Mol, esculpido en piedra volcánica*

# Cacaxtla: nuevas pinturas al descubierto, Tlaxcala

Cacaxtla viene de *cacaxtli*, que equivale a decir en lengua náhuatl, el zurrón o morral del mercader. Esta tranquila localidad del Estado de Tlaxcala, a escasos 20 kilómetros de la ciudad del mismo nombre, resurge entre los años 650 y 900 d.C., cuando la ciudad de Teotihuacán es abandonada y su cultura exportada a otros centros ceremoniales. En ese momento, los guerreros y comerciantes de origen olmeca y local se funden en el denominado grupo olmecaxicalanca y se instalan en la zona.

Recientemente se encontraron bellas y conservadas pinturas murales policromas de tipo antropomórfico y de tamaño natural, gracias a las cuales se ha podido reconstruir una parte de su historia. La calidad de las mismas es compa-

*Arriba, figurillas de cerámica dedicadas a la fertilidad; a la derecha, pintura mural denominada el Observador de Venus.*
*En las páginas 188-189, pintura mural que representa al Hombre Pájaro*

rada a las de Bonampak y describen fundamentalmente escenas bélicas, en contraste con el carácter ritualista y religioso de la temática teotihuacana, otro lugar donde también se descubrieron pinturas murales. Además de las escenas bélicas, aparecen personajes mitológicos como el hombre-jaguar y el hombre-águila. Por lo general están posados siempre sobre una serpiente emplumada, símbolo de Quetzalcoatl.

Este pueblo mercader se caracterizó también por defender sus productos y rutas comerciales, pero además capturaba y sacrificaba a sus prisioneros de forma cruenta, según se deduce de la interpretación de sus frescos que se integran en el periodo clásico tardío, con influencias y técnicas mayas. En la misma zona puede visitarse la ciudad de Tlaxcala, rica en monumentos coloniales.

*Cerámica que representa a un hombre viejo.*
*Existe una estrecha similitud entre los frescos*
*de Teotihuacán, Bonampak y estas, de Cacaxtla*

# El museo de antropología, Distrito Federal

En pleno bosque de Chapultepech, donde se encuentran otros magníficos museos, en el centro geográfico de la ciudad de México y presidido por la estatua colosal de Tláloc, dios de la lluvia y la fertilidad, se encuentra un moderno edificio construído entre 1962 y 1964 y que constituye el orgullo de toda la ciudad. Se trata del moderno museo de antropología e historia, denominado Museo Nacional de Antropología. Cuentan que cuando se descubrió la estatua de Tláloc y se trasladó al museo, no cesó de llover de forma diluvial durante todo el trayecto y que cesó cuando quedó instalada.

Fue edificado con roca volcánica, mármol y maderas nobles, bajo las órdenes de Pedro Ramírez Vázquez y más de cuarenta ingenieros y

*Abajo, pinturas murales de Bonampak; a la derecha, monumental estatua de Tláloc a la entrada del Museo de Antropología. En las páginas 194-195, frescos de Teotihuacán*

cincuenta arquitectos. Veinte equipos de antropólogos y etnógrafos se ocuparon de otras tantas salas (veintitrés para ser exactos), distribuidas en dos plantas que circundan un cuadrangular patio central.

En su interior, tras pasar el ágora se encuentra un espectacular árbol de la vida en forma de columna recubierta de esculturas simbólicas, que sostiene una enorme cúpula de aluminio de la que emana sin cesar el agua purificadora y fertilizante de la vida.

Bien estructurado, ambientado y dotado, es una visita obligada para cualquier turista que viaja a México. Las visitas guiadas en castellano son gratuitas, a diferencia del resto de lenguas. Es una forma de integrar a los mexicanos dentro de su rica y variada cultura.

En un despliegue de imaginación y belleza se pueden visitar las numerosas estancias distribuídas en dos plantas de enome superficie, donde las pinturas murales, maquetas de los templos y ciudades reconstruidos, todo tipo de

*Arriba, rodillo que representa las nueve escenas bélicas de Moctezuma II; a la derecha, piedra del Sol y calendario azteca.*

*En las páginas 198-199, mural atribuido a Juan González Camarasa, en el Museo Nacional de Antropología*

*Arriba, estela Número 1 de Quetzalcoalt;*
*a la derecha, cerámica del dios Cocijo de Oaxaca.*

cerámicas, joyas, utensilios, armas, símbolos religiosos, muebles, vestuario, etc. están expuestos con exquisita elegancia y de forma muy pedagógica. En lugar prominente, el calendario azteca puede ser la pieza más codiciada y admirada, sin olvidar las máscaras funerarias de Monte Albán.

Necesitaríamos más de cuatro días para explorar y recorrer todo el museo y apenas verlo todo con detenimiento. Las salas denominadas arqueológicas, determinadas de una región o cultura, están en la planta baja. Las salas etnográficas ocupan el piso superior. En la parte norte de la planta baja y en sentido de la traslación del sol se muestran objetos de las culturas, de forma cronológica, de la Cuenca de México. En la parte sur las de Oaxaca, la Cota del Golfo, la maya y las del norte y oeste de México. En la segunda planta una exposición etnográfica relacionada con las exposiciones de las salas que se encuentran justo debajo de ellas. Dicen los expertos que las salas más interesantes son la 20, que ofrece una visión eneral de Centroamérica, la sala 21, con los orígenes, y la 25, con la cultura pre-hispana.

Todas las culturas como las olmecas, huastecas, toltecas, mixtecas, totonacas, teotihuacana, zapoteca, aztecas, mayas y un largo etcétera tienen su correspondiente lugar. Tiene buena biblioteca, sala para la venta de recuerdos y adecuada cafetería.

En la página 202, busto azteca de cerámica de Texcoco;
en la página 203, diosa Coyolxauhqui o diosa Lunar.

A la derecha, Cuauhxicalli o Jaguar donde guardaban
los corazones y la sangre de los humanos sacrificados

# Uaxactún, Tikal, Copán, yacimientos mayas en Guatemala y Honduras

## Uaxactún, Guatemala

Uaxactún era un centro ceremonial que convivía con otras localidades cercanas como Lamanai, Cerros de Belice y El Mirador. Está considerada como una ciudad pre-maya, cuyo nombre se traduce por "ocho piedras", más antigua que Copán y Tikal, fundada probablemente por olmecas.

Los edificios son estructuras piramidales de base rectangular, construidos sobre una plataforma de piedra, dotados de escalinata de acceso al templo, que tenían decoraciones estucadas de mascarones que representan figuras monstruosas, que nos recuerdan su origen olmeca.

De todos los edificios, la Pirámide E es la más significativa, con sus escalinatas de acceso y coronada con tres pequeños templos, cuya función era la de observatorio astronómico. Su estratégica disposición sobre el terreno hacía que durante los solsticios de invierno y verano el sol saliese por la derecha o izquierda del templo, respectivamente.

*Arriba, vista general de Uaxactún, Guatemala; a la derecha, pirámide maya catalogada como E*

206

## Tikal, Guatemala

La ciudad de Tikal, construída en plena selva guatemalteca del Petén, fue la mayor ciudad del mundo maya, y sus pirámides están consideradas como las más altas de Mesoamérica. Tienen su apogeo entre el año 300 d.C y el 900 d.C., si bien sus mejores construcciones datan entre el 600 y 800 d.C. Su centro ceremonial, de forma cuadrangular tiene aproximadamente un kilómetro de lado. Alrededor de su Plaza Principal hay dos templos semejantes, denominados I y II, con elegante escalinata y coronados con crestería, la Acrópolis (de hecho tres acrópolis), la Plaza de los Siete Templos, el juego de Pelo-

ta, edificios de viviendas de notables y multitud de estelas y altares conmemorativos de efemérides y personajes importantes.

Existen otras plazas y pirámides que emergen sobre la verde selva, como la del Mundo Perdido y sobre todo la del Templo IV, con elegante crestería, la más alta de todas, superior a los setenta metros de altitud. También pueden verse otras "montañas" verdes que en realidad esconden templos por excavar.

El soberano Yax Moch Xoc representa al más antiguo, y reinó ente el año 219 y el 238 d.C. la ciudad vecina de Uaxactún se consideró la rival. Todas estas ciudades-estado luchaban con sus vecinos para lograr su hegemonía.

*Arriba, Tikal y panorámica de la selva del Petén; a la derecha, Templo 2 y Plaza Mayor de Tikal*

## Copán, Honduras

Quiriguá y Copán son dos enclaves en terreno hondureño, muy cercano a la frontera guatemalteca, que brillaron y rivalizaron entre los años 500 y 900 d.C.

Las ciudades son ricas en estelas, altares y bajorrelieves que resaltan triunfos bélicos, en especial entre esas dos ciudades que disputaban su hegemonía. Entre los edificios notables concentrados en la denominada Acrópolis de Copán, se encuentra la "Escalinata de los Jeroglíficos" que conduce a la cúspide de la pirámide Número 26 y que está formada por 63 escalones eculpidos por más de 2000 glifos, que indican datos dinásticos e históricos. Otros edificos importantes son el frontón, el Templo 11, la plaza principal o Gran Plaza, el Centro Ceremonial, la Escalinata de los Jaguares, uno de los juegos de Pelota más grandes de América, el Altar Q, sobre los que están esculpidos los 16 gobernantes de Copán, etc.

*A la derecha, figura de barro con ofrendas y grandes collares; en la página siguiente, cabeza antropomorfa de la cultura maya en estuco*

210

# Glosario

**Atlátl:** Arma bélica lanzadera utilizada por los aztecas, formada por un bastón cuya punta era un gancho. Se usaba en forma de lanza tanto en la caza como en la guerra.

**Bóveda de ménsula:** Recurso arquitectónico utilizado por los mayas, al desconocer el arco y la bóveda. Consiste en engrosar dos muros hacia arriba de forma progresiva hasta que se encuentran.

**Cacao:** Planta que proviene de la zona amazónica y de la que se extraían unas pepas que, machacadas en el metate de piedra, se obtenía un polvo que mezclado con agua resultaba una bebida amarga y estimulante, de la que se obtenía el chocolate. Las pepas de cacao se utilizaban como moneda.

**Cacique:** Nombre con el que se designaba a los gobernantes de ciudades y localidades precolombinas.

**Calli:** Casa.

**Calmecac:** Escuelas elitistas situadas en los templos religiosos, a las que asistían alumnos de familias nobles o seleccionados. En ellas se estudiaba astronomía, matemáticas, escritura, etc.

**Cenote:** Pozo natural ancho y profundo donde sacrificaban vírgenes llenas de ofrendas en honor del dios de la lluvia. Son comunes en la región del Yucatán. También significa pozo donde extraer agua para el consumo.

**Cactlis:** Sandalia de piel de venado y fibras vegetales que llevaban los nobles.

**Chac Mol:** Dios de la lluvia de los mayas, equivalente a Tláloc. Se representaba en forma de un hombre sentado o recostado, con las rodillas dobladas y apoyado sobre los codos, hecho de piedra y formando un altar en el centro.

**Chamán:** Especie de mago, brujo y sacerdote responsable de ciertos ritos en las culturas precolombinas. Han persistido hasta la actualidad.

**Chasquis:** Correo pedestre que, mediante un sistema de relevos, llevaba el pescado fresco desde la costa a la capital Tenochtitlán, para el consumo del emperador.

**Chichén-Itzá:** Ciudad importante de la cultura maya. Lugar que significa "el pozo de la familia Itzá"

**Chimaz:** Escudo redondo hecho de cuero de tapir o manati y de gran resistencia.

**Chinampa:** Islas artificiales, realizadas con enrejados de troncos y ramas, rellenas de tierra y fijadas al fondo mediante cuerdas, a modo de ancla.

**Chocoatl:** Agua amarga, chocolate.

**Crestería:** Estructura de piedra de forma ornamental situada en la parte superior de los templos mayas. Estaban remozadas de estuco y muchas veces pintadas, y en ellas había representadas máscaras, serpientes, gobernantes.

**Estela:** Piedra monolítica clavada en el suelo y esculpida con inscripciones o formas representativas de acciones, fechas, gobernantes, etc.

**Glifos:** Signos gráficos típicos de las culturas zapotecas, mixtecas y mayas. También de otras culturas como la egipcia, griega (de donde proviene la palabra), etc.

**Holpop:** Juez. "El que se sienta en la cabeza de la estera".

**Huipil:** Vestido rectangular femenino con una abertura sobre la que pasaba la cabeza, cosido lateralmente para dejar pasar los brazos. Era, por lo general ,blanco, bordado con coloridos motivos.

**Huitzilopochtli:** Dios tribal de los aztecas.

**Kukul Can:** Serpiente Emplumada o Quetzalcoátl, de los mayas.

**Macehualli:** Indígena perteneciente a la clase pobre, fente a los sacerdotes, guerreros, comerciantes, altos funcionarios, jugadores de pelota, etc.

**Maxtli:** Taparrabo masculino.

**Milpa:** Campo sembrado de maíz o elote.

**Mitla:** "Ciudad de los muertos" en lengua zapoteca.

**Nacon**: El capitán de la guerra.

**Náhuatl:** Lengua y cultura de los aztecas.

**Paliacate:** Pañuelo indígena de múltiples usos. Para cubrir la cabeza, para transportar cosas a modo de ato, etc.

**Patolli:** Juego que practicaban los aztecas semejante al parchís indio.

**Penacho:** Tocado de plumas de quetzal, de pavo real o guajolote real que llevaban los gobernantes mayas y aztecas. Conocido y  admirado es el de Moctezuma II.

**Pochteca:** Comerciante pertenceciente a la cultura precolombina.

**Quetzal:** Pájaro de bello y resplandeciente plumaje verde, venerado por los pueblos precolombinos, símbolo de muchas culturas y pueblos.

**Quetzalcoatl:** Serpiente Emplumada. Divinidad principal de los pueblos mesoamericanos.

**Sacbés:** Caminos alzados formados de piedra caliza blanca (sac significa, blanco) que comunicaban ciudades mayas y que estaban a prueba de inundaciones. Tenían 4 metros de ancho y varios kilómetros de longitud.

**Talud-tablero:** Elemento arquitectónico utilizado por primera vez en Teotihuacán, consistente en un panel vertical de piedra, el denominado tablero, sobre una base o pared oblicua. Podía estar recubierto de estuco y pintado o esculpido en piedra.

**Temazcalli:** Lugar tipo termas donde se tomaban los baños de vapor, muy utilizados por los aztecas. Las piedras se recalentaban y al echarles agua soltaban vapor.

**Teocalli:** Templo o lugar de pregrinación.

**Teotihuacán:** Ciudad Tolteca que significa "donde nacen los dioses"

**Tiaquiz:** Mercado.

**Tláloc:** Dios de la lluvia y de la fertilidad.

**Tlatelolco**: Ciudad azteca, situada actualmente al norte del Distrito Federal, que significa "montaña de arena". Fue bélica y aguerrida, y opuso seria resistencia frente al asedio de noventa días de Cortés.

**Tzolkín:** Calendario corto ritual o religioso de 260 días.

**Tzomplantli:** Plataforma de los Cráneos. Lugar en lo alto del templo donde eran exhibidos los cráneos de los enemigos sacrificados o muertos en combate.

**Uxmal:** Ciudad maya situada en el sur de México, cuyo nombre significa "la tres veces construida y destruida".

# Bibliografía

Caso, Alfonso, "El Tesoro de Monte Albán", México, 1969.

Caso, Alfonso, "Los calendarios pre-hispánicos", México, 1967.

Díaz del Castillo, Bernal, "Historia verdadera de la conquista de Nueva España",
Ed. Porrúa, México, 1960.

Durán, Fray Diego, "Historia de las Indias de Nueva España e islas de Tierra Firme",
Ed.Porrúa, México, 1967.

León Portilla, Miguel, "Quetzalcóatl", México, 1968.

Lonhena, María, "México Antiguo", Editorial Folio, Barcelona, 2005.

Von Hagen, Victor W., "Los Aztecas, hombre y tribu" Ed. Diana, México, 1967.

Von Hagen, Victor E., "Los Mayas La tierra del faisán y del venado",
Ed. Joaquín Mortiz, México, 1978.

OTROS TÍTULOS PUBLICADOS

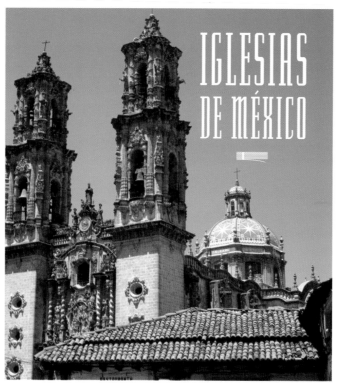